ALABADO SEA DIOS.

SALMOS 24:1

Del SEÑOR es la tierra y todo lo que hay en ella; el mundo y los que en él habitan

Poemas para ÉL GRAN YO SOY 2.

Toda honra sea para nuestro SEÑOR DIOS.

Eres por siempre...

Eres por siempre,

el mejor remedio

quien todo lo entiende

aunque te hablen en silencio,

eres por siempre,

refugio en todo tiempo

aunque vengan tiempos fuertes

siempre eres nuestro poderoso refugio,

eres por siempre,

guía en el desierto

porque el que confía en ti no se pierde,

si hay oscuridad eres luz que alumbra

por todo el sendero,

eres por siempre,

Salvador del oprimido

levantando al desfallecido

siempre entregas alivio,

eres por siempre,

mi redentor JESUCRISTO

mi corazón no se cansa de alabarte

y agradecer por tu gran sacrificio,

eres por siempre,

mi REY, HIJO DE DIOS BENDITO

quien llena de gozo mi corazón

por siempre ante ti me rindo.

Pensando en el camino...

Pensando en el camino,

tu verdadero amor

por siempre ofrecido

por aquel que la muerte venció,

tu poder infinito

entregado por el poder del PADRE DIOS

poniendo a tus pies todos tus enemigos

llevándote al puesto de mayor honor,

pensando en el camino,

lo que en la cruz se ofreció

la vida de un inocente

que con el peso de nuestros

pecados cargo,

no porque la vida le quitaron

sino, porque EL la entrego

por el beneficio de todos sus hermanos

ha quienes con el PADRE reconcilió,

tiene nombre sobre todo nombre

JESUCRISTO nuestro SEÑOR

tus ejemplos siempre siguen vivos

para llegar a los brazos de DIOS,

pensando en el camino,

la vez que mi corazón tu voz escucho

quemándome con un fuego vivo

llenándome de tu amor,

ayúdame JESUCRISTO

seguir hablando de tu amor

de aquel que un día vino con gran sacrificio

para redimirnos y ser llamados

hijos de DIOS.

Como ayer...

Como ayer,

esperas paciente ha tu pueblo

que regrese en tu dirección

para entre tus brazos acogerlo

entregando tu amor,

para muchos no hay cura

pero si hay remedio

confesando tu nombre

como REY y SALVADOR,

como ayer,

has enviado por tu pueblo

para que le hablen de tu protección,

llevando siempre a tus siervos

donde se tenga que hablar

del REDENTOR,

como ayer,

tus oídos siguen atentos

escuchando oración,

de todo aquel que grita auxilio

reconociendo que necesita a DIOS

por el vienes corriendo

para salvarlo de la opresión,

cuidándolo y redimiendo

porque para ti él nació,

como ayer,

sigue atento el CORDERO

rescatando con su amor

para poner un corazón nuevo

a su pueblo,

para entrar en su nación.

¿Quien?...

¿Quien?, es el dueño

de la tierra y todo

lo que habita en ella,

solamente el SEÑOR,

aquel que su único hijo

entregó para reconciliar

con EL, al pecador,

rompiendo las cadenas

que destinaba al hombre

en completa perdición,

llevándolo ha muerte lejos

de DIOS,

¿quien?, puede salvar

la humanidad de cualquier

calamidad,

solo el SEÑOR, clama

a EL y al rescate vendrá,

EL, escuchara desde su trono

perdonará pecados

y dará su Bendición,

SEÑOR, somos culpables

de tu justo castigo

y en tu justicia acuérdate

de tu amor y eterna

misericordia y compasión,

por siempre te alabo

majestuoso SEÑOR,

REY de reyes

poderoso DIOS,

PADRE bueno,

por siempre nuestro REDENTOR,

¿ quien ?, amonesta y cura

las heridas de su pueblo

luego de la corrección,

EL GRAN YO SOY,

EL PODEROSO,

HACEDOR DE GRANDES PLANES,

PRÍNCIPE DE PAZ,

NUESTRO SALVADOR.

Confío en ti...

Aunque esté oscuro

tu luz me guiara

estoy confiado en ti hasta

el final,

en el tiempo que vengas

mi alma te esperará,

vivo tranquilo

porque se que tu amor esta,

confío en ti,

en quién más podría confiar

eres DIOS eterno

quien día a día me hace despertar,

camino y vivo tranquilo

porque tu amor siempre

me viene abrigar,

hábito en la sombra del ALTÍSIMO,

porque no habría de confiar

si ÉL es mi refugio y fortaleza,

el SEÑOR que me viene a salvar,

confío en ti,

por eso en mi vida

las alabanzas para ti están

 mi casa a tu servicio

por siempre estará,

PADRE, HIJO Y ESPíRITU SANTO

en mi vida siempre los voy a necesitar,

gracias por llamarme a la nueva vida

que sólo tú SEÑOR puedes brindar.

Hoy te busco...

Hoy te busco,

como todos los días

buscando tu Bendición

para refrescar mi día,

hoy te busco,

pido por mi familia

por los que están cerca

y lejos de mi,

encárgate de sus vidas,

hoy te busco,

con la esperanza viva

de qué oyes mi corazón

desde donde tú habitas,

hoy te busco,

en medio de oración

haciendo sentir tu mirada

y amor,

en tu misericordia infinita,

hoy te busco,

pido por la humanidad

que sepan del mensajero

conozcan al Cordero

se acerquen a ti mi DIOS

habiendo reconciliación

por medio del perdón

tomando el camino

que nos lleva hacia

fuente de agua viva,

hoy te busco,

y salta de gozo mi corazón

porque se que atiendes

quien te busque

por el perdón

y le darás el pan de vida,

hoy te busco,

Jesús hijo de DIOS

por siempre mi salvador

SEÑOR mío y de toda

esta musa que está prendida,

hoy te busco,

para ti todo mi amor

rendido de rodillas.

De madrugada te canto...

De madrugada te canto,

desde aquí en la tierra

en medio de este silencio

donde tu presencia se interna

sintiendo tu mirada

y mi corazón de emoción

re suena,

buscando siempre tu perdón

para que de mis caminos

tomes las riendas,

teniendo tú la dirección

de todas mis faenas,

de madrugada te canto,

predicó donde quieras

dando a conocer tu Santo

nombre, que sobresalga

por toda la tierra,

porque eres quien da vida

a toda criatura mostrando

tu grandeza,

DIOS PADRE,

DIOS HIJO,

ESPÍRITU SANTO,

que de tu conocimiento

se llene toda la tierra,

derrama el esplendor

de tu gloria,

para que todos

en la actualidad

te conozcan,

disfrutando de tu amor,

bondad y misericordia,

liberados de toda cadenas.

Desde que estás en mi vida...

Desde que estas en mi vida,

hay un nuevo sol

brilla en mi corazón

una nueva canción,

brincan las poesías

inspiradas en tu amor

llenando de alegrías

mi musa que por ti parió,

desde que estas en mi vida,

siempre brilla el sol

llenando de templanza

todo en mi misión,

te alabo noche y día

con mis labios y corazón

porque sin ti no hay un nuevo día,

no habría vida sin tu amor,

desde que estas en mi vida,

cada segundo me siento mejor

ofrendando mis días

para que seas tu quien tome el control,

mi alma en ti se regocija

mi espíritu salta de emoción

entonando alabanzas

todo el día,

solo para ti mi SEÑOR.

Hablaste con la verdad...

Eres siempre la verdadera luz

aquel que vino para salvar

buscar lo que estaba perdido

 entregando su vida

los recupero,

hablaste con la verdad

con toda la humildad

 por amor te entregaste

para salvar esta humanidad,

hablaste con la verdad,

enseñando la realidad

por donde tenemos que caminar

y tu nombre confesar,

por eso siempre mi alma

te alabara,

con todas mis fuerzas tu nombre

mis labios pronunciarán

sabiendo que tus oídos

me escucharan,

hablaste con la verdad,

el que te escuche y acepte

verdadera vida tendrá,

en tu Reino participara,

en aquel que viniste anunciar

al lugar que fuiste a preparar

para contigo ir a cenar,

hablaste con la verdad,

JESUCRISTO

viniste para salvar

por eso todos ante ti se arrodillaran.

ÚNICO...

único, en majestad

quien todo lo puede lograr

mi SEÑOR mi DIOS

quien conoce todo corazón,

único que ordena

los vientos por amor

a su creación

llamando nuestra atención

dándonos vida y Bendición,

único DIOS

quien su aliento nos dio

para que hagamos las buenas

obras que ante la creación

nos entregó,

único, roca fuerte

por siempre

mi salvador

JESUCRISTO BENDITO

hijo amado de DIOS.

Transformas...

Nunca dejas de trabajar

siempre estas enderezando

caminos sin cesar,

siendo un gran alfarero

cambiando corazón

poniendo sentimientos verdaderos

amando la verdad

aborreciendo la falsedad,

transformas,

todo lo que está a tu encuentro

sacando de la oscuridad

hacia la claridad

y tu presencia poder disfrutar,

acompañas en todo momento

nunca dejas de escuchar

atender el que sale a buscar

de tu atención y comprensión,

transformas,

la tristeza por alegría

lágrimas por risas

y caídas por lecciones

aprendidas,

corazón de piedra

por uno de carne,

llenándolo de vida

alegrías,

y risas,

transformas,

todo porque eres incomparable

solo tu gloria y poder

puede todo ser restaurar

desde el pozo de la muerte rescatar,

transformas,

DIOS solo tu puedes

restaurar toda la humanidad.

Solo no estoy...

Solo no estoy,

pues todo se llena

de ti SEÑOR,

quien en sacrificio

me redimió

solo por amor,

sintiendo compasión

por aquellos que estaban

sin pastor,

sacándolos de maldición

trayéndolos a Bendición,

para tener gozo y amor

por aquel que nos salvó,

solo no estoy,

te lo agradezco SEÑOR

porque siempre siento

tu voz en lo profundo

de mi corazón,

siempre levantaré mi voz

para alabarte mi SEÑOR

gritar que eres JESUCRISTO

el Redentor, gracia y amor,

lavas los pecados y recuperas

lo que una vez se perdió,

solo no estoy,

porque vivo con aquel

que resucitó,

desde que lo confesé

como mi SEÑOR y SALVADOR.

Estoy siempre en tus manos...

Estoy siempre en tus manos

que se haga tu voluntad

para mi es lo primero

quien mejor que tú me podría guiar,

que en mi vida siempre este tu reino

porque es el de nunca acabar

siendo por siempre amoroso

y sincero,

el que dura por toda una eternidad,

te glorifico y alabo

lo grito a los cuatro vientos

que eres la vida y verdad,

y de ser tu siervo estoy muy contento

porque nadie mejor que tú me podría tratar,

estoy siempre en tus manos,

SEÑOR JESUCRISTO,

tu nombre siempre voy a confesar.

De generación en generación...

Promesa que llegó

pasando tanto tiempo

el tiempo perfecto

 de DIOS nuestro,

prometiste a Noé

también a Abraham

prometiste a Moisés

llegando en el linaje de David,

vino el REY,

vino el Salvador,

DIOS con nosotros

quien de su Reino se despojo,

para venir hecho hombre

desde el cielo llegó,

profetizado por Malaquías

como el purificador,

llamado por Isaías

Príncipe de paz,

quien juntaría su pueblo

con su gloria y esplendor,

haciéndose siervo

para limpiar al pecador,

enseñaste lo nuevo

mostrando amor,

reconciliando

a los pueblos,

que del rebaño se extravió,

alaba tierra y cielo,

al verdadero Pastor

que junta sus ovejas,

reconociendo su majestuosa voz,

canten todos

alabanzas a DIOS,

que establece su Reino

por el primogénito,

que nos salvó,

rompiendo cadenas

con su sangre nos liberó,

siendo el perfecto cordero

unigénito de DIOS,

canten alabanzas Ángeles

del cielo,

den gloria a DIOS,

que ÉL es dueño

de toda la creación,

reconocido y su fama

sigue existiendo,

de generación en generación.

En ti me refugio...

En ti me refugio

en ti confío

de noche, de día

contigo está mi alegría,

tu me llenas

mi alma la acaricias

si hay tristeza

tu amor me domina,

en ti me refugio,

pan de vida eterna

me rescatas siempre

si aparece alguna dificultad

me abrazas en tus alas

donde tengo vida,

en ti me refugio,

mi fortaleza

fuente de agua viva

DIOS misericordioso

mi esperanza de vida.

Muestras ser amigo...

Muestras ser amigo,

amigo de los amigos

hablándole al perdido

alentando al deprimido

sanando al herido

liberando al oprimido,

con tu sangre hemos

sido redimido

aceptaste nuestro castigo

venciendo al maligno

y así llevarnos contigo,

a tu reino establecido

desde antes de la creación

nos quieres contigo,

muestras ser amigo,

SEÑOR mío

de quien DIOS PADRE

está complacido,

pastor del rebaño

que se había perdido

reuniendo por siempre

a los hijos,

para gloria de DIOS

por todos los siglos,

muestras ser amigo,

JESUCRISTO BENDITO

pacto eterno,

perfecto cordero,

tu reino eterno

es el que quiero

encontrarme contigo

en el aire deseo,

para tener nuevo cuerpo

y seguir a la ciudad del reino

eterno,

qué tienes preparado

para todos tus escogidos,

muestras ser amigo,

CRISTO el más fiel

de todos los amigos.

Mi corazón derretido...

Mi corazón derretido,

completamente entregado

al mejor abogado

solo a ti mi SEÑOR,

mi corazón derretido,

por causa de tu palabra

que asegura destino

con amor fluido

que mana de mi SEÑOR

JESUCRISTO,

mi corazón derretido,

completamente rendido

estando a tu servicio

asegurando mi destino,

mi corazón derretido,

por causa de tu amor infinito

mi mirada está en tu destino

adorándote siempre mi DIOS,

mi corazón derretido,

porque es tuyo mi destino

ante ti siempre me inclino

JESUCRISTO MI SEÑOR

Y SALVADOR,

mi corazón derretido,

por quien me esta cuidando

desde antes de haber nacido

aquel que siempre dijo

YO SOY.

No hay silencio...

No hay silencio,

cuando te busco

siempre te siento

tu voz la oigo,

pasando el tiempo

mas te voy conociendo

de eso me alegro

en todo tiempo,

eres mi refugio

mi pronto auxilio

siempre vienes

por tus siervos,

no hay silencio,

en ninguno de los tiempos

si estoy sufriendo

eres tu mi alfarero,

siempre te busco

rápido corriendo

porque cuando te necesito

eres el mejor consejero,

no hay silencio,

de mi DIOS ETERNO

por medio de tu hijo

JESUCRISTO

en tu presencia me interno.

Eres DIOS...

Eres grande

tu amor es gigante

Señor fuerte

Rey incomparable,

canta tierra

grita alabanza

que en su trono se levanta

el SEÑOR como estrella

de cada mañana,

todo el que vive

que por siempre lo admire

porque el no muere

vive eternamente,

eres DIOS

Rey eterno

a ti nos postramos

en todo tiempo.

En tu dirección...

En tu dirección,

hay amor

siempre buscando

solución a nuestro

corazón,

no hay mejor destino

que tus caminos

llenos de conocimientos

que refrescan nuestra razón,

en tu dirección,

el tiempo no es perdido

todo el tiempo es ganado

en tu corrección,

perdonando pecados

por siempre olvidándolos

porque nos das restauración,

gracias por tu amor

y en tu pasión

hacer el llamado

que mi vida cambio,

ahora tu espíritu acompañando

cada uno de los pasos

de quien busca tu amor,

siendo fiel salvador

de quien te confiese sus pecados

abrazándolo bajo tu llamado

verdadero REY y SEÑOR,

es tu dirección,

fuente de aguas viva,

pan de vida,

verdadera justicia,

luz que ilumina,

príncipe de paz,

en tu dirección,

ENMANUEL

siempre se cuenta

con el verdadero

amor.

Estamos de paso...

Estamos de paso,

por un momento

aquí no pertenecemos,

habitando en casa de barro

que se vuelve polvo

y de eso no escapamos,

esperando regresar

al verdadero hogar

hecho con gran sabiduría

por el PADRE celestial,

para con el caminar

por toda la eternidad

y su amor experimentar

en el plano espiritual,

estamos de paso,

pero al SEÑOR honrando

hasta que el vuelva

para por fin llevarnos,

al verdadero hogar

que no es hecho

por manos de humanos

si no, por el mismo DIOS

para todos que por su amor

lucharon,

GLORIA A DIOS,

que está en lo más alto

sentado en su trono

con su voz de mando.

Eres mi alimento...

Eres mi alimento,

por siempre mi sustento

contigo estoy siempre contento,

no hay día

en donde no seas mi guía

porque contigo se alegra

toda mi vida,

si algo es difícil

con tu ayuda se alivia

porque nunca defraudas

a quien en ti confía

SEÑOR JESUCRISTO,

me acompañas

y me guías

eres por siempre

mi dulce compañía,

rebosas mi vaso

de completa alegría

porque si llega oscuridad

con tu Bendita presencia

todo brilla,

eres mi alimento

amigo fiel que me anima

en cualquier situación

tu espiritu me regocija

llenándome de confianza

y de tu paz que me cobija

caminando la anchura

donde tu gloriosa

palabra se necesita,

hijo de DIOS ETERNO

eres mi confianza

sin ti mis fuerzas

se debilitan,

por eso eres mi alimento

y tu palabra

es lo que me da fuerza

y lo que mi espiritu

siempre necesita.

Aquel...

Aquel,

que creó todos

los tiempos,

que conoce todos los entendimientos,

que da libre elección

aunque lastimemos

sus sentimientos,

está esperando que todos

vuelvan a su amor

para que siga la fiesta en los cielos,

aquel,

que murió y resucitó

por los que estaban

en encierro,

rompiendo toda cadena

que nos mantenía prisionero

está llamando en todo corazón

para llevarnos a su reino,

aquel,

en quien creó

es el DIOS que creó

la tierra y los cielos,

y por medio

de su amado hijo

JESUCRISTO

nos reconcilió

por el bien de todos

los pueblos,

aquel,

que cura hasta el tuétano

de los huesos

está buscando

que escuchemos su voz

y así renovarnos por enteros.

Luz, que me anima...

Luz,

que me anima

sol,

de mi vida

estrella,

que me guía

nunca me dejes sin tu compañía,

en ti confío de noche y de día

en todo mis caminos

solo en ti he de confiar

y mi espíritu que es tuyo

junto a ti quiere estar

en sintonía,

no podría vivir

sin tu mirada en mi vida

no habría mañana

si ante ti estar de rodillas,

JEHOVÁ de los ejércitos

gracias por tu Gracia

en mi vida,

CORDERO divino

nunca dejes de ser mi guía,

ESPÍRITU SANTO

camina conmigo

en mis días,

no me dejen solo

porque sin ustedes

y su amor

no tendría sentido

mi vida.

El que te alaba...

El que te alaba,

se goza,

de paz,

Bendición,

amor,

y de tu presencia

que siempre se añora,

eres DIOS

que das las lluvias

Bendiciendo todo

lo que en la tierra habita,

a ti me someto

para que pongas

las palabras de amor

en mis labios

que la humanidad

necesita,

el que te alaba,

sabe que siempre

vienes

levantando a todo aquel

que la verdadera paz practica,

para tu gloria DIOS

vivimos

y por ella misma se predica,

alabo de todo corazón

a aquel que de su Reino

se despojo

para limpiar todo pecado

de aquel

que en su gloria confia,

el que te alaba,

sabe que en ti siempre

tendrá vida.

Contigo se siente...

contigo se siente

paz y armonía

quien camina contigo

no está en el exilio,

aunque este en lo desconocido

para ti todo es conocido

porque conoces los tiempos

y lo que está venidero,

eres DIOS poderoso

ante ti todo se rinde

los ídolos se rompen

con el poder de tu nombre,

tu voz de trueno

estremece los tiempos

JESUCRISTO BENDITO

ERES REY ETERNO,

contigo se siente,

que el amor es para siempre

tu no defraudas

y siempre amas,

amas y corriges

en tus brazos se aprende

a ser muy valiente,

tus caminos siempre

son excelentes

llevando tus leyes

de amor interminable

a todo aquel que no lo tiene,

contigo se siente,

amor por siempre

todo inconsciente

en tu amor aprende

a ser consciente,

SEÑOR por eso eres

el mejor consejero

de todo que en tu paz

entre.

No hay quien no sepa de ti...

No hay corazón

que no sea escudriñado,

no hay pensamiento

que se oculte delante

de tus ojos,

por eso delante

de ti siempre me expongo

con todo mi ser descubierto

delante de su majestad,

no hay movimiento

que se haga sin tu voluntad

que lleva por Bendecidos

senderos a quien te sirve

con mucha lealtad,

sabes que mi corazón

para ti esta dispuesto

queriendo ser agradable

a ti mi REY generoso

CORDERO,

no hay quien se iguale

a ti mi REY ETERNO

eres único poderoso

dueño de todo tu pueblo,

salvando,

sanando,

rompiendo cadenas

quitando todo lo que no es bueno,

agregando en la vida Bendición

de todo aquel

qué busca del amor duradero,

no hay quien no sepa

que tu eres DIOS VERDADERO

CRISTO JESÚS

el único camino para llegar

al mejor sendero,

ir al PADRE por su gracia y amor

en ese día postrero,

no hay quien no sepa de ti

aunque pasen todo

los tiempos.

Eterno...

Eres eterno,

por siempre supremo

Rey inmenso

justo compañero,

tu trono duradero

en todos los tiempos

a ti glorificamos

creador eterno,

estas en todos lados

para ti no hay secretos

conoces a todos

porque escudriñas corazón

y sentimientos,

la creación habla de tus maravillosos

acontecimientos

quedando en el brillo

de todos los luceros,

eres DIOS BENDITO

Rey eterno,

todos cantan SANTO,SANTO,SANTO

Bendito que estas en los cielos,

tu nombre es Bendito JEHOVÁ eterno

JESUCRISTO Señor mío

mi vida te entrego.

Vives por siempre...

Vives por siempre,

eternamente

no pudo vencerte

ni la muerte,

estas lleno de Gloria

tu paz siempre brilla

llenándonos de maravillas,

vives por siempre,

eres eterno

incomparable amor

buen maestro,

eres el verbo

desde el principio

nuestro único

camino,

siempre nos llamas

hacia tu viña

con gran alegría

para darnos vida,

vives por siempre,

recibe la Gloria

porque eres digno

de toda honra,

hacedor de grandes planes

a ti generación en generación

te adoran,

CRISTO JESÚS

por siempre REY,

ante ti todos

se inclinan.

Gloria a DIOS...

Gloria a DIOS,

que EL es eterno

y nos está mirando

desde lo más alto,

El sabe todo

conoce los pensamientos

de todos los humanos,

es grande y poderoso

EL creo todo

lo que nos rodea

con su sabiduría,

¿ quien podrá igualarle ?

gloria a DIOS,

no existe otro dios

solo EL, es el gran YO SOY

glorioso e inigualable,

EL creó los cielos

creó la tierra

puso las bases de ella

con su poder y sabiduría

conoce todos los caminos

nada para EL,

es ocultable,

gloria a DIOS,

quien conoce como llega

el espíritu de un bebe

al vientre de su madre,

EL puso límites

a las olas del mar,

solo por EL

es controlable,

EL hace al sol salir,

la noche caer,

la lluvia venir,

les da de vestir

a los pájaros y árboles,

gloria a DIOS,

que nos llamó ha salvación

por misericordia y amor

por medio de su justo

CORDERO

el SEÑOR DIOS ADMIRABLE,

BENDITO EL NOMBRE DE JEHOVÁ

MI DIOS,

JESUCRISTO MI SEÑOR

MI PASTOR

que se hizo siervo

para ser SALVADOR

del pecador que escuche su voz

y quiera con EL reconciliarse,

gloria a DIOS,

por siempre y todos los siglos

al único y verdadero

SANTO, SANTO, SANTO.

Tuyo soy...

Tuyo soy,

estoy en tus caminos

llévame siempre de tu mano

no me sueltes

ni para darme descanso,

estoy a tus servicio

ayúdame a cumplir el trabajo,

tuyo soy,

toma mi corazón

prepáralo para ti sin condición,

tu eres el alfarero

soy el barro en tus manos

haz tu diseño

conmigo en lo que estás creando,

tuyo soy,

mi SEÑOR DIOS

a ti te sirvo

con todo mi amor,

ante ti me rindo

por siempre te alabo

porque eres mi dueño

desde antes de la creación,

sin ti mi vida no tiene sentido

nunca me sueltes por favor

porque contigo los caminos

son siempre mejor,

y no hay destino

sin tu dirección,

tuyo soy,

te canto amado

CORDERO DE DIOS

ante ti me arrodillo

mi corazón

se emociona en adoración,

no puedo contenerlo

porque me abrazas con gran pasión,

tuyo soy,

oh JEHOVÁ PODEROSO DIOS

JESUCRISTO BENDITO

te confieso como mi SEÑOR Y SALVADOR,

anota mi nombre en tu libro

para ante ti alabarte en tu REINO

con todo mi corazón.

Solo tu SEÑOR...

Amas,

corriges,

levantas,

solo tu SEÑOR

haces con todo ser

maravillas,

haciendo una nueva creación

a todo aquel que llega

a tus viñas,

para enseñar lo que es mejor

en nuestras vidas

haciéndonos crecer pacientemente

hasta llegar ser lo que quieres

que seamos para servir

y dar ejemplo de tu armonía,

solo tu SEÑOR

das Bendición

desde los cielos

abriendo tus ventanas

renovándonos y llenándonos

de tu hermosa compañía,

como no amarte,

como no adorarte,

como no exaltarte,

si eres digno de toda honra

a toda hora

de todo ser que en los cielos

y la tierra habitan,

solo tu SEÑOR

eres incomparable,

eres indomable,

eres fuerte,

eres indestructible,

PADRE que todo lo puedes ver,

solo tu señor

alivias las cargas

quitas la sed

y sueles dar la verdadera vida,

tu misericordia es infinita

tu enojo no es para siempre

amas perdonar

para que todos podamos

ir al lugar

en donde tu habitas,

solo tu señor

mi DIOS

has quebrantado este corazón

que emocionado dice que es tuyo

y a los cuatro vientos

con fuerza lo grita,

alabado sea DIOS

el SEÑOR de toda creación

que en esta tierra habitan,

solo tu SEÑOR

con tu sabiduría

eres capaz de hacer

tantas maravillas.

En este viaje...

En este viaje,

por ti espero

eres lo que sigo

por cualquier camino,

no hay tiempo

que no este un tu conocimiento

esperando por todos

que lleguen a tus senderos,

en este viaje

en ti confío

tu eres por siempre

mi primer sustento,

todo viene,

todo va,

gracias a tu amor

y a tu gracia

que suele salvar,

en este viaje

solo por un momento

porque luego de seguro

regreso a tus senderos,

eres mi PADRE

por ti fui hecho

teniendo vida

gracias a tu aliento,

en este viaje

espero todo en tu nombre

poder hacerlo

regresar a tu lado

al lado de mi DIOS ETERNO.

Caminar y caminar...

Caminar y caminar,

solo bajo la voluntad

de su majestad,

siempre bajo tu sombra

protegido bajo tus alas

gozando con certeza

de tu sincera amistad,

eres el DIOS VIVO

grande JEHOVÁ

que aunque pase el tiempo

tu promesa no pasará,

caminar y caminar,

para la semilla sembrar

luego regarla,

recogerla

porque JESUCRISTO

a buscarla vendrá,

sin ningún contratiempo

con voz de mando llegara

sobre las nubes todo

ojo lo verá,

caminar y caminar,

para el trabajo terminar

y así estar con DIOS PADRE

para toda la eternidad.

Estás aquí...

Estás aquí,

en todo momento

a ti te pido

que manejes mis tiempos,

porque solo contigo

es que no hay contratiempo

realizas todo

en tu perfecto tiempo,

escuchando atento

lo que hay dentro nuestro,

estás aquí,

aunque no te vemos

pero si te sentimos

con tus brazos abiertos

siempre misericordioso

muy atento,

eres DIOS bueno

por siempre eterno,

amas amarnos

fiel compañero

verdadero amigo

contigo me contento

en todo camino

porque tú JESUCRISTO

eres mi sustento,

estás aquí,

por siempre DIOS BENDITO

eterno fiel,

único y verdadero.

....

Fortaleza eres

roca fuerte,

fuente de sabiduría

creador de nueva vida,

hacedor de grande planes

ante ti nadie se interpone

porque eres grande

tu poder es inexplicable,

príncipe de paz

que sueles amar

amas y perdonas

y nunca sueles reprochar

por eso a ti siempre confío mi vida,

juez justo

salvador del mundo

Santo cordero

sacrificio eterno

obediente hijo

amado de DIOS;

Oh PADRE

SEÑOR mío

cuanto te alabo

siempre agradecido

por tu precioso sustento

también por lo que no entiendo

pero tu eres el majestuoso

alfarero.

Déjame...

Déjame,

 servirte mi SEÑOR

pon siempre palabras

y versos en mi corazón

para tu Santo nombre

darle honor,

quiero ser siempre

agradable a ti mi DIOS

dedicar mi vida en tus servicios

mientras que pueda caminar

en este mundo que necesita

de tu amor,

déjame,

ver tu gloria

en cada vida que se reconcilia

con su Creador,

por siempre experimentar

tu divina presencia

en cada alma que te acepte

como su Salvador,

siempre voy a trabajar

para ti mi DIOS

en la gracia de tu Hijo

para la salvación,

déjame,

sentir con tu amor

para así lograr mi labor

como siervo tuyo mi SEÑOR,

pon de tu amor

en mi corazón

que te estoy necesitando

en cada paso que doy,

déjame,

siempre ser mensajero

de tu pasión,

aunque no lo merezco

déjame,

 experimentar

tu amor

mi SEÑOR Y DIOS.

Eres vida...

REY de reyes

SEÑOR de señores

DIOS PODEROSO

LIBERTADOR ETERNO

que rompe cadenas

de todos los prisioneros

restaurando vidas

desde la era antigua,

eres vida,

razón que anima

a nadie le niegas

tu salvación ni compañía,

cumpliendo promesas

mientras que llega el día

que toda tu iglesia

te reciban con sus lámparas

prendidas,

eres vida,

lo mejor de la profecía

quien siempre rescata

al que se pone bajo tu soberanía,

JESUCRISTO BENDITO

confío en tu justicia

porque de cualquiera dificultad

se que me salvarías.

Amas, rescatas, liberas, salvas...

Amas,

rescatas,

liberas,

salvas,

Solo tu DIOS

puedes dar tanta seguridad

al ser humano que es creado

por tu infinita sabiduría.

Amas,

a todo aquel pecador

que arrepentido de su maldad

va en busca de tu ayuda,

olvidando todo lo de ayer

esperando que lo malo

no vuelva a acontecer.

Rescatas,

a todo aquel de enfermedad

librando su alma

de la oscuridad

para en tu presencia

poder con tu amor gozar

de la futura eternidad.

Liberas,

de las garras de la oscuridad

pasándonos a claridad

donde tu glorioso nombre

con gran gozo se suele alabar,

con amor y mucha paz.

Salvas.

Oh JESUCRISTO

con la autoridad

que DIOS PADRE TE DA

a todo aquel que confiese

tu nombre y crea en su corazón

que DIOS de la muerte te levanto,

alabado sea tu nombre glorioso SEÑOR

PASTOR ETERNO,

por siempre mi SALVADOR.

Desde lo más alto...

Desde lo más alto,

tenemos tu amparo

siempre nos guías

desde muy temprano,

se siente tu mirada

cuando comunión

contigo estamos buscando,

eres omnipotente

siempre omnipresente

y omnisciente,

en ti buscamos refugio

porque eres amoroso PADRE,

desde lo más alto,

nos mira aquel

que reina por siempre,

lo estamos esperando

su reino vendrá

para guiarnos,

SEÑOR por siempre

tu eres SANTO,

SANTO DIOS

con tu amor somos

levantados.

Nada que ocultar...

Nada que ocultar,

todo tiene que brillar

en medio de tu palabra

que toda herida suele sanar,

amas y restauras

siempre sueles enseñar

con cada lección que das;

Nada que ocultar,

siempre digo la verdad

que eres DIOS vivo

el único que puede en toda

circunstancias sanar y rescatar,

que te puedo ofrecer en verdad

si todo es tuyo antes de la antigüedad,

nada que ocultar,

solo para ti mis ganas

de alabar,

en todos mis días

hasta que llegue el final,

glorioso JESUCRISTO tuya

es toda heredad,

y te pido que perdones toda

mi maldad.

Sintiendo tu amor...

Sintiendo tu amor,

se llenan mis días

de fuerzas y esperanzas

muy fuerte como el brillo

del sol,

hablando a todos

de tu compasión y amor

contándole al mundo

que por medio de tu hijo

JESUCRISTO

hay paz,

y salvación,

no hay ninguna otra

esperanza para llegar

a ti mi DIOS,

solo por el amor de tu gracia

es el camino para obtener

tu perdòn,

sintiendo tu amor,

todo lo pongo en tus manos

para que seas mi director

guiando siempre mis pasos

porque solo tu mi DIOS

sabes lo que para mi es mejor,

gracias por darme templanza

amor y fuerzas en mi corazón

para caminar donde no se conoce

de tu Palabra,

y llevarla para mi es un honor,

sintiendo tu amor,

mi amado

JESUCRISTO SALVADOR,

me siento lleno de esperanzas

aunque muchas cosas por la que pase

no entienda yo.

Eres glorioso...

Amas la justicia

detestas el mal

por todos lados caminas

atento de todo aquel

que de tu ayuda

va a buscar,

eres glorioso,

¿ quien contra ti puede estar ?

eres el único

que el dolor puede aliviar

enderezando caminos

que sólo tendían a vagar

sin buen destino

ni buena vista

la luz solo tu mi DIOS

puedes dar,

eres glorioso,

y eso no se puede ocultar

poderoso alfarero

cuanto talento sueles dar,

DIOS en todo lo alto

tu gloria nadie la puede quitar

siempre sincero

quien el amor nunca

 suele negar,

a ti toda honra

DIOS que siempre Bendecirá

hasta lo infinito

de la tierra,

porque su creación

nunca suele abandonar,

tu mi DIOS

SEÑOR GLORIOSO

por toda la eternidad.

Para ti...

Para ti,

mi vida es para ti

en todo momento

en toda ocasión

sin importar la condición,

llegaste a este mundo

por amor,

entregando tu vida

con gran pasión

para abrir paso

hacia tu regazo

y tu amor,

para ti,

dedico todo mi amor

queriendo ser correspondido

a tu amor,

a tus servicios pongo

todo mi talento

con aprecio y pasión,

no es mío es tuyo

solo tuyo mi DIOS,

nada tiene sentido

si tu no tienes el control

oh JESUCRISTO

para ti vivo yo

tómame soy tuyo

desde antes de la creación.

Se abren los cielos...

Se abren los cielos,

suenan truenos

cae la lluvia

el PADRE está BENDICIENDO

todo lo que fue creado

por nuestro Rey eterno,

se mueve la tierra

con todo su misterio

por decisión

de su único dueño

JEHOVÁ de los ejércitos.

Se abren los cielos,

estaremos contentos

porque siempre observamos

la creación y sentimos

a su dueño,

observemos todo

lo que con gran sabiduría

fue hecho,

todo creado por amor

para llamar nuestra atención

y así miremos hacia nuestro SEÑOR

JESUCRISTO que es el camino

verdadero.

De generación en generación...

De generación en generación

existe tu amor

todo gracias a tu bondad

y generosidad,

no existe ningún otro DIOS

que solo tu JEHOVÁ

PADRE eterno

soberano SEÑOR;

De generación en generación

se habla de la salvación

que se encuentra en JESUCRISTO

alabado sea el SEÑOR,

no hay corazón

que no sea cautivado por tu amor

conquistando en el camino

a todo aquel con tu pasión;

De generación en generación

se escucha de aquel que nos salvó

de la mala vida y destrucción

con gran sacrificio

solo por amor,

Bendito sea JESUCRISTO

nuestro SEÑOR

que vive por los siglos

y la muerte venció.